TÉCNICAS DE CÁLCULO MENTAL VELOZ

Autor: Armando Elle

ÍNDICE

INTRODUCCIÓN

Para explicarte de qué trata este manual, te mostraré un pequeño ejemplo:

Calcula mentalmente el cuadrado de 65. Es difícil verdad?

Para hacerlo un poco más fácil, prueba de la siguiente manera: multiplica la cifra que indica las decenas por sí misma más 1. Al resultado, ponle al final el número 25 (que es el cuadrado de 5). Por lo que:

Primer paso: 6 x (6+1) = 6 x 7 = 42

Segundo paso: Pon al final 25

Resultado: 4225. Cuatro mil doscientos veinticinco.

Como ves, para resolver mentalmente de manera veloz un cálculo complicado como el cuadrado de 65, la única operación que debiste hacer es 6x7, cuyo resultado seguramente conoces desde los primeros años de primaria.

Con el mismo procedimiento puedes calcular el cuadrado de cualquier número de dos cifras que termina en 5 en tal vez dos segundos y medio. Con una pequeña variación que te enseñaré, podrás hacer lo mismo con números que terminan en múltiplos de 3."

Y así, este manual habla de técnicas de este tipo, y explica también el sentido que tiene conocerlas y utilizarlas.

El cálculo mental es una de las tantas capacidades que por varios motivos, estudiantes y adultos del siglo XXI están perdiendo. Muchos podrán decir que las calculadoras y las hojas de cálculo son mucho más potentes que nuestro cerebro, haciendo que la capacidad de calcular mentalmente, sea prácticamente inútil. Esto no es verdad!
De hecho, el cálculo mental es un ejercicio en si mismo, y su utilidad va mucho más allá que la capacidad de llegar a un resultado.

Si por una parte, desarrollar la habilidad matemática es reconocida mundialmente como uno de los indicadores de rendimiento en escuelas, por la otra parte, los estudiantes se enfrentan a grandes dificultades para aprender y amar las matemáticas.

El cálculo mental veloz es emocionante, veloz y muy elegante.
Quien lo usa, se estimula intelectual y emotivamente en varios niveles, recibiendo beneficios en varias áreas:

El área de la estrategia: Como veremos, calcular velozmente significa sobretodo el poder aplicar estrategias de cálculo distintas a las convencionales. Las estrategias convencionales son aquellas a las que yo llamo "de la fuerza bruta": lápiz y papel, más algunas reglas de base aplicadas a algunas situaciones. Ahí no se encuentra ninguna estrategia, y por consecuencia, establecen el primer contacto de los estudiantes con las matemáticas como una manera mecánica de pensar. Maneras que generalmente se cargan por toda la vida escolar, y que impedirán al estudiante el acercarse con facilidad a la resolución de problemas matemáticos complejos.

Al contrario, las técnicas de cálculo veloz introducen desde la primera vez, el concepto de estrategia. Quien las utiliza, debe aprender a reconocer los distintos caminos que se pueden seguir, a seleccionar y a combinar las técnicas de resolución entre ellas; y así será capaz de llegar al resultado de la manera más rápida posible. Por lo tanto, quien calcula velozmente de manera mental, aprende desde el inicio a acercarse a las matemáticas con un análisis de la situación para establecer "el plan de acción", es decir, cuáles técnicas aplicar en función de los cálculos que se piden y de los patrones numéricos que reconoce.

El área de la agilidad mental: El ejercicio mental del cálculo hace que el cerebro se agilice, desarrollando también otras funciones, entre las cuales se encuentra la memoria. Cuando se realiza una operación matemática difícil mentalmente, el secreto es descomponerla en la mayor cantidad de operaciones simples, encontrando resultados intermedios que después deben ser unidos. En un proceso de este tipo, es crucial el poder recordar exactamente y en el orden adecuado las partes en las cuales se ha subdividido el cálculo, para poder después ponerlas todas juntas y obtener el resultado correcto. El cerebro debe moverse entre los números, evitando los errores y encontrando entre ellos los resultados.

El área de la creatividad: La descomposición de un cálculo complejo en la suma de cálculos simples, exige un gran esfuerzo creativo. Dos personas distintas pueden llegar al mismo resultado con la misma velocidad, tomando caminos sustancialmente distintos entre ellos. Y además, en cada operación se encuentran caminos escondidos que no son siempre evidentes y que exigen un esfuerzo imaginativo para poder identificarlos y aprovecharlos. Para focalizar este concepto, te cuento una famosa anécdota de Carl Friedrich Gauss, el gran matemático y físico alemán. A la edad de 8 años, como castigo la maestra le pide sumar todos los números del 1 al 100 entre ellos. Gauss, en vez de sumar, como cualquiera de sus compañeros, 1+2+3..... hasta el 100, ha sospechado que los números del 1-100 pueden dividirse en 50 pares, y que la suma de dos números de cada copia es 101 (100+1, 99+2, 98+3....). Así, en pocos segundos multiplica 101x50 y da el resultado: 5050. Me encanta esta historia ya que explica la diferencia que existe entre la creatividad de encontrar una solución de cálculo veloz y el sumar de manera fatigosa 100 números uno después del otro. La capacidad de buscar y encontrar este tipo de soluciones tiene una utilidad más allá que encontrar un resultado "matemático", porque estimula la mente de manera extraordinaria ante los problemas de la vida.

El área de la curiosidad: El hecho de que los métodos de cálculo mental veloz no sean convencionales, los hace extremamente interesantes. A través de su aplicación, se descubren algunas de las extrañas y singulares propiedades de los números, come se intuye también la infinidad de situaciones que pueden derivar de la combinación de 10 signos primarios, es decir los números del 0-9. Mientras parece difícil imaginar el poder entusiasmarse por los métodos aritméticos tradicionales, es instintivo que una solución como la de Gauss, vista anteriormente, pueda fácilmente captar nuestra atención, curiosidad, interés y admiración (¡aun para quien odia las matemáticas!)

El área de la confianza en ti mismo: Muchos se resignan desde pequeños a decir que están negados para las matemáticas. Esto normalmente no es verdad. La verdad es que la mayor parte de las personas tienen un rendimiento en las materias con matemáticas muy por debajo de lo que deberían tomando en cuenta su coeficiente intelectual. El problema es que muchos, simplemente, se intimidan frente a las matemáticas y "deciden" que no es algo de su competencia. Las técnicas de cálculo mental veloz pueden hacer mucho en las situaciones de este tipo, restituyendo la confianza en sí mismos a muchos que habían decidido renunciar. El cálculo mental es tradicionalmente difícil, pero aun así, es posible hacer multiplicaciones mentales entre números de 5 cifras. Créeme, que esto tiene resultados increíbles en la autoestima. Además, con estas herramientas, es posible en menos de 10 segundos calcular el cuadrado de números con tres cifras como 825. En menos de 5 segundos, el cuadrado de cualquier número con dos cifras. Y lo mismo para las sumas, restas, divisiones, multiplicaciones con nivel de dificultad por lo menos intermedios. Poder calcular mentalmente en menos de 5 seg el cuadrado de números como 46, 71 o 38…, puede darte una gran confianza al poder entender y dominar las matemáticas, o cualquier otra materia. Y puede hacer un gran bien a tu propia autoestima.

Cuando hace dos años el hijo mayor de un amigo mío inició la secundaria, encontró grandes dificultades en la escuela. Mi amigo me pidió hablar con su hijo, y me di cuenta que delante de mi había un chico sobre todo inseguro, que se estaba convenciendo poco a poco de ser "estúpido". El muchacho en realidad no era para nada tonto, simplemente demasiado inmaduro emocionalmente para moverse de manera segura en el nuevo ambiente de la escuela superior. Le enseñé algunas técnicas de cálculo veloz, y lo invité a ejercitarse un poco. Después de una semana, él estaba tan impresionado con lo que su cerebro podía hacer con los números, que toda su actitud hacia el estudio cambió. Había entendido de pronto que su mente podía hacer cosas importantes, y por lo tanto había superado el bloqueo que tenía hacia las materias de la escuela. Después de dos meses se encontró entre los primeros lugares de su salón.

Por todos estos motivos, el hecho que la escuela no enseñe también las estrategias de cálculo veloz y se limita a dar a los estudiantes solo los instrumentos de la "fuerza bruta", continúa a dejarme perplejo.

Este manual forma parte de un proyecto más complejo. Desde siempre me he apasionado por las cosas increíbles que nuestro cerebro puede hacer; muchas capacidades, como las de mnemotecnia y cálculo, son subestimadas. Cualquiera con una enseñanza correcta y un poco de estudio puede desarrollar las habilidades "extraordinarias" que en realidad están al alcance de todos.

Como ya he dicho, el desarrollo de estas capacidades puede tener un efecto muy positivo sobre la manera con la cual enfrentamos cualquier tipo de problema.

Este manual te introduce a la potencialidad del cálculo que tiene tu mente humana, presentándote algunas simples pero eficaces técnicas, que de cualquier manera necesitan un poco de esfuerzo de tu parte para ser dominadas. Y que te permitirán realizar de manera veloz operaciones que la gente normalmente no puede hacer a menos que utilice una calculadora.

No tengo la pretensión de mostrarte todo lo relativo al cálculo mental, ya que es inmenso; por ejemplo he dejado fuera toda la parte relativa a las divisiones porque desde mi punto de vista es la menos interesante ya que no existen grandes variaciones a la técnica tradicional. En un futuro, tal vez si hay la necesidad, espero poder escribir un manual que se adentre en el cálculo mental más complejo, aquel con las multiplicaciones recíprocas de números de más de 4 cifras. Ahora para mi es importante el proponerte las bases conceptuales del cálculo rápido, y tal vez dar a alguno de mis lectores la motivación para poder profundizar el argumento en el caso que el argumento le interese. Considero que este tema es capas de atraer no solo a los apasionados, sino también a los curiosos. Esperando que estos último se interesen en adentrarse en este mundo tan fascinante!

Por el momento, te deseo una buena lectura!

ADVERTENCIA

Durante la primera lectura de este libro, estas autorizado (si lo deseas) a utilizar lápiz y papel para verificar la eficiencia de tus cálculos. Sin embargo, habiendo acomodado en este manual los temas de los más fáciles a los más difíciles, te sugiero intentar desde la primera vez a hacer los cálculos solo en tu mente. De esta manera, después de los primeros ejercicios podrás notar un gran mejoramiento de tu capacidad de cálculo.

El ejercitarte será parte fundamental para poder obtener resultados, pero una volta que has adquirido las técnicas, te bastará con unos 15 minutos al día para mantener en forma a tus neuronas de cálculo!

CAPITULO 1. MULTIPLICAR UN NÚMERO POR 11.

Este primer método simple ya te dará una idea de cuanto, cambiando la observación y sustituyendo la "fuerza bruta" por la estrategia, puede ser fácil, interesante y divertido el cálculo mental.

Para multiplicar cualquier número de dos cifras por 11, existen distintos métodos:

1. Utilizar la fuerza bruta, poniendo un número sobre el otro, y con lápiz y papel realizar la multiplicación como has aprendido en la escuela.

2. Un método muy eficaz es multiplicar el número por 10 y después agregar el número original una vez. Ejemplo:

$$34 \times 11 = (34 \times 10) + 34 = 340 + 34 = 374$$

Nota como ya en este método, en su simpleza, presupone un trabajo de creatividad y agilidad mental mucho más interesante que el método 1.

Ahora, debes reconocer el patrón **"multiplicar por 11 un número de dos cifras"**: Descomponer la operación en dos operaciones más simples, y que dan lógicamente el mismo resultado al unirlas. En fin, también te da la posibilidad de realizar pequeñas variaciones al método. Si tuvieras, por ejemplo, que multiplicar 34x12, qué harías? Una respuesta puede ser:

$$34x12 = (34x10) + (34x2) = 340 + 68 = 408$$

Y si tuvieras que multiplicar 34 x 21? Aún en este caso, una variación del método te puede llevar fácilmente a:

$$34 x 21 = (34x20) + 34 = 680 + 34 = 714$$

o también a las simples operaciones:

$$34 x 21 = (34x10) + (34x11) = 340 + 374 = 714$$

En estos ejemplos, ya puedes encontrar el secreto del cálculo veloz de números aún mayores: descomponer, simplificar y al final volver a juntar todo.

Para la multiplicación de números por 11, te quiero proponer un tercer método que es mi preferido ya que es el más inteligente y curioso entre los que conozco.

Toma al número que quieres multiplicar, pon la cifra de la izquierda en la extrema izquierda del resultado, la cifra de la derecha hasta la derecha, y después pon en medio la suma de los dos números.

$$23 x 11 = 253$$

Como puedes ver, el 2 (parte izquierda) del número original va hasta la izquierda del resultado, el 3 (parte derecha) es colocado en el extremo derecho; y al centro colocamos un 5 (3+2) .

Este método funciona siempre, ahora tu prueba con:

27 x11
34 x 11
90 x 11
43 x 11
59 x 11

Habrás notado que cuando la suma de las dos cifras que componen al número que quieres multiplicar es mayor o igual a 10, hay una pequeña complicación; por lo que en este caso, debes tomar siempre la suma de las dos cifras del número original y poner en medio la cifra que corresponde a las unidades de la suma, y al final agregar 1 al número de la izquierda. Por ejemplo:

78 x 11 = 858

como puedes ver, 7+8= 15, por lo que el 5 va en medio del resultado y el 7 del resultado se convierte en 8.

Ahora prueba con:

66 x 11
74 x 11
87 x 11
65 x 11
39 x 11

Para darte cuenta de cuanto es veloz este método, imagina que alguien te pida multiplicar un número cualquiera de dos cifras por 11; apenas ha pronunciado el número, por ejemplo 86, haciendo la simple operación 8+6 = 14, puedes decir las cifras del resultado una después de la otra (sabes ya que el 8 se convierte en 9, en medio está el 4 y el 6 se mantiene igual).

Con esta base, puedes después construir otros cálculos, como los que hemos visto anteriormente, por ejemplo la multiplicación por 12 (multiplico por 11 y agrego al resultado en número inicial) o por 22 (multiplico por 11 y ese resultado x 2)

Para que la cosa sea aún más interesante, quiero mostrarte como el sistema funciona aún con números de más de 2 cifras, agregando una pequeña variación. Veamos el ejemplo:

$$425 \times 11 = 4675$$

¿Has entendido cómo funciona? Como en el método anterior, para obtener el resultado pones hasta la izquierda el número original de la izquierda, a la derecha el número original del lado derecho; pero ahora el segundo número estará formado por la suma de los primeros dos (4+2 = 6), mientras que el tercero por la suma de las últimas dos cifras (2+5 =7)

Ahora tu prueba con:

326 x 11
514 x 11
431 x 11
632 x 11
726 x 11

También en este caso, cuando la suma de los dos números internos es mayor o igual a 10, debes realizar la misma variación vista anteriormente para números de dos cifras. Fíjate en el ejemplo:

475x 11

Las dos sumas son mayores o iguales a 10, y por consecuencia procedo de la siguiente manera:

- Hasta la derecha pongo al 5.
- El tercer número es 2 (7+5=12), y llevo un **1** al segundo número.
- El segundo número es 2 (7+4+**1**=12), y llevo 1 al primer número
- Hasta la izquierda pongo al 5 (4+1=5) .

- Por lo que tenemos 475x11 = 5225

Es mucho menos complicado de lo que parece si consideras que el número máximo que debes sumar es siempre 1 ! Esto sucede porque la suma de dos números de una cifra no puede ser nunca mayor a 18.

Prueba con:

385 x 11
467 x 11
673 x 11
849 x 11
763 x 11

CAPITULO 2. EL CUADRADO DE LOS NÚMEROS QUE TERMINAN CON 5.

El método para resolver este tipo de cálculos es uno de mis preferidos, porque esta entre aquellos que he "descubierto" yo, es decir, lo encontré por mi mismo cuando estudiaba en la secundaria y pasaba el tiempo jugando con los números. Obviamente el método ya existía, solo que yo no sabía que alguien ya lo había inventado. Por esto quise ponerlo al inicio del libro.

Ahora hablemos del método, y veamos cómo se puede calcular el cuadrado de un número de dos cifras que termina con 5, como ejemplo tomamos 85 al cuadrado. Calcularlo con la mente utilizando el método de la fuerza bruta aprendido en la escuela es posible, pero bastante difícil. Para hacerlo solo con la mente, hay una manera mucho más fácil y que da resultados excelentes. Cuando haces el cuadrado de un número de dos cifras que termina en 5, has lo siguiente:

Calcula la primera parte del resultado multiplicando la cifra de las decenas por si misma + 1. En nuestro ejemplo:

$85 \wedge 2 = 8$ (cifra de las decenas) x 9 (sí misma +1) = 72

Para la segunda parte del resultado, debes siempre poner 25 (cuadrado de 5).

Por lo que $85 \wedge 2 = 7225$

Ahora prueba a calcular el cuadrado de 65:
6 x 7 = 42
5 x 5 = 25

$$65 \wedge 2 = 4225$$

De nuevo, la velocidad con la que te puedes exigir este tipo de cálculos es impresionante. Imagina que alguien te pregunte cuál es el cuadrado de 55: en un segundo podrás responder 3025, porque en realidad realizas una única operación 5x6= 30

Como ejercicio, calcula el cuadrado de todos los números con dos cifras que terminan en 5 del 15 al 95.

En este caso, como en el ejercicio del capítulo anterior, existen algunas variaciones, de la más simples a las más complicadas. Si por ejemplo debes multiplicar dos números con dos cifras, de los cuales uno termina con 5, y el número que corresponde a las decenas es igual, podrás empezar a partir del cuadrado de ese número y después corregir el resultado calculando el error que cometiste en tu aproximación.

Por ejemplo:
45 x 47 , puedes dividirlo de la siguiente manera:

$$(45x45) + (45x2) = 2025 + 90 = 2115$$

Pero también pudiste haberlo calculado resolviendo 47 al cuadrado y restando 47 x 2

$(47^\wedge 2) - (47x2) = 2209 - 94 = 2115$

Aquí lo complicado es calcular 47 al cuadrado, pero en el siguiente capítulo te enseñaré cómo hacerlo velozmente. La idea que te quiero dar, es que finalmente cualquier número entero esta formado de una combinación de solo 10 símbolos, y por lo tanto las posibilidades de dividir o unir en partes más simples para llegar por vías diversas al mismo resultado son realmente tantas..

Imagina calcular 45 x 44

En este caso, debería ser ya evidente cual es la estrategia más rápida para calcular el resultado:
Primer paso: $45^\wedge 2 = 2025$
Segundo paso: resto 45
Resultado: 1980

Por amor al cálculo, otra posible estrategia de simplificación podría ser aquella de multiplicar 44 x 40 (se trata de una multiplicación simple, porque es como multiplicar por 4 y añadir un cero). Al resultado, se le debe añadir $(44x10)/2 = 220$
Por lo cual 45 x 40 = (44x40) + (44x10 /2) = 1760 + 220 = 1980

Este procedimiento es en este caso más largo que el anterior, pero es interesante considerarlo y siempre ejercitarte, porque te da estrategias importantes del cálculo veloz:

✓ La primera es que cuando aproximo un número a la decena precedente o sucesiva, las operaciones que debo realizar son más simples gracias a la presencia del cero.

✓ La segunda, es que multiplicar por 10 y dividir entre 2, son las maneras más simples para multiplicar un número por 5. Por ejemplo si debo multiplicar un número por 50, me conviene en general multiplicarlo por 100 y después dividirlo entre dos. ¿Y si el número se debe multiplicar por 25? Puedo multiplicarlo por 100 y después dividirlo entre 2 dos veces.

Ejemplo:

42 x 25 = 42 *100 = 4200 / 2 = 2100 / 2 = 1050

Continuando ahora con los cuadrados de los números que terminan en 5, vamos a un nivel superior. De hecho, el mismo mecanismo del cuadrado de números de dos cifras que terminan en 5, se aplica también a los números con tres cifras que terminan en 5, por ejemplo:

365 x 365

en este caso, la primera parte es el resultado de 36x37, es decir la primer parte del número multiplicada por sí misma más 1; y la segunda parte es de nuevo 25.

La parte difícil es multiplicar 36 x 37, aunque como veremos en un capítulo posterior, no es tan difícil

Por lo que 365 x 365 =

Primer paso: 36 x 37 = 1332
Segundo paso: 5 x 5 = 25
Resultado: 133225

CAPITULO 3. MULTIPLICACION ENTRE NÚMEROS CON LAS MISMAS DECENAS Y UNIDADES QUE SUMAN DIEZ.

En este caso, tenemos números con características particulares, como ejemplo:

67 x 63 =

Como puedes ver, la cifra que corresponde a las decenas es la misma en ambos números (ej. 6), y si sumas las dos cifras relativas a las unidades te da como resultado 10.

Aquí, debes multiplicar como en el método anterior, el número de las decenas por si mismo + 1, y las unidades entre ellas. Entonces, el resultado de nuestro ejemplo es:

6 x 7 = 42
7 x 3 = 21

Resultado: 4221

¿No es hermoso?

Calcular el resultado final de cuatro cifras se ha reducido a utilizar dos veces la tabla del 7.

Cuando enseño esta técnica, la gran objeción que todos tienen es que muchas operaciones no caen dentro de estos casos típicos. Esto es verdad, pero después de todo, las cifras son solo 10 y van del 0-9. Por lo que, combinando estos casos típicos entre ellos y haciendo variaciones oportunas, casi cualquier operación puede ser realizada. La cosa importante es saber reconocer el patrón que se te presenta delante, y escoger el método adecuado para adaptarlo a la situación.

Si por ejemplo debes calcular

67x 74

Podrías calcularlo de la siguiente manera:
Nota que la suma de las unidades de ambas cifras es 11 (7+4), y la diferencia entre las decenas es de 1 (7-6) Después, aplica la regla de este capítulo, multiplica 67x63; el cálculo es muy fácil y nos da como resultado 4221.

Continúa utilizando el método visto anteriormente y calcula 67x11 (porque como vimos la diferencia entre 74 y 63 es 11!) = 737
Y finalmente, debes hacer una simple suma 4221 + 737 = 4958

Parece muy difícil pero en realidad no lo es, lo que he hecho ha sido simplemente reconocer la posibilidad de descomponer una operación compleja en la suma de patrones de operaciones mucho más simples. Después realicé las operaciones, teniendo siempre en mi memoria a corto plazo los dos resultados intermedios. Y al final uní todos para obtener el resultado final.

Esto me ha permitido hacer esta operación en alrededor de 7 segundos, que es el tiempo que le toma a una persona el hacerlo en una calculadora.

Sin embargo, si hubiera realizado la operación a una velocidad máxima, tal vez me hubiera dirigido hacia algo más simple, utilizando una de las estrategias típicas de la multiplicación de números 2 cifras x 2 cifras, estrategias que veremos en un capítulo sucesivo.

Ahora, yo estoy convencido que cualquier persona, ejercitándose un poco, puede llegar a hacer operaciones de este tipo en 5 segundos, y he visto la demostración a esto varias veces. Para obtener resultados de este tipo, basta ejercitarse unos 15 minutos al día. El cerebro es el órgano más importante que tenemos, y de su entrenamiento depende un desarrollo y óptimo uso de todas las áreas intelectuales y emotivas.

Por este motivo, te digo francamente que es estúpido el no dedicar al ejercicio cerebral ni siquiera 15 minutos al día; además no tienes la necesidad de ir a un gimnasio, de ocupar aparatos, de gastar dinero, o de otras condiciones particulares. Puedes hacer tus 15 minutos de ejercicio casi en cualquier momento y en cualquier lugar, con la única condición de poder estar concentrado y enfocado durante todo el tiempo que dure el ejercicio.

CAPITULO 4. SUMAS

Con las sumas, como con todo lo demás, de nuevo el secreto del éxito es separar en partes y simplificar. Si por ejemplo debes realizar:

$32 + 74$

Será más fácil verlo como $32 + 70 + 4$

En realidad, muchos no tienen la necesidad de hacer este tipo de separación para números de dos cifras, porque son capaces de sumarlos sin separarlos. Si estas entre estas personas, te felicito porque quiere decir que tienes una predisposición para el cálculo, y podrás obtener resultados más altos que la media.

Pero el discurso cambia si aumentan las cifras. Aquí, la mayor parte de las personas encuentra problemas, y dividir las cifras se convierte en una herramienta muy potente. Haz como ejemplo:

$346 + 578$

En este caso, para poder sumar los dos números, debes poder manejar contemporáneamente toda las 6 cifras que las componen, y es fácil equivocarse. Prueba a dividirla así:

$578 + 300 + 46$

todo resulta mas fácil, porque instantáneamente la operación se convierte en 878 + 46. Has eliminado la complicación de la suma de las centenas y disminuido con cero esfuerzo una cifra del segundo número; ahora la suma es mucho más fácil.

Habrás notado que he invertido los números entre sí, es decir no he hecho 346 + 500 + 78, respetando el orden en el cual me han dado los datos; y lo he hecho al contrario. Esto es porque mi mente ha seleccionado instintivamente la inversión de los dos números como un patrón más simple. Esta selección instintiva no te la puedo explicar, porque es otro de los resultados del ejercitarse y de la práctica, conteniendo también una parte "subjetiva". Y que puede variar de individuo a individuo: algunos por ejemplo, podrían encontrar más fácil descomponer la operación anterior en 346+ 500 + 78

También habrás notado que no he dividido integralmente el segundo número, podría haber hecho 578 + 300 + 40 + 6. Esto habría hecho el "todo" aún más simple, pero habría perdido una fracción de segundo en velocidad para hacer aun otra división de 46 en 40 + 6. Cuando se divide un número, depende de ti absolutamente en cuántas partes quieres hacerlo. Probablemente al inicio deberás dividir casi todas las cifras de manera constante, mientras que con el tiempo tendrás siempre menos necesidad de hacerlo.

Ejercítate ahora con otras sumas de números con 3 cifras:

223 + 361
373 + 431
321 + 146
649 + 373
698 + 747

En el último caso, que he puesto a propósito, tu mente debe reconocer inmediatamente una trampa: 698 está muy cerca de 700, así que puedes resolver la operación haciendo 747 + 700 − 2. Este paso, hace que la suma sea mucho más fácil y nos lleva a una técnica ya también vista, la aproximación de los números a los múltiplos de 10 más cercanos. Esto es porque nuestro cerebro trabaja mucho mejor con el cero, el diez, el ciento y sus múltiplos. Y por lo tanto, en varias ocasiones, conviene seguir las operaciones aproximando a este tipo de números, para después ajustar el resultado utilizando la distancia del número original a aquel con el cual se ha aproximado.

Si por ejemplo quieres calcular 26 x 97, es lógico hacer el siguiente razonamiento:

$26 \times 100 - (26 \times 3) = 2600 - 78 = 2522$

O tal vez imagina el deber calcular 26 x 89. En este caso puedes utilizar aproximaciones y restar utilizando la regla vista anteriormente. Por lo que:

$26 \times 100 - 26 \times 11 = 2600 - 286 = 2314$

Pero podrías también, y es el camino que yo escogería, multiplicar 26 x 90 y restar 26 al resultado:

$26 \times 90 - 26 = 2314$

Después de todo, multiplicar 26 x 90 es como multiplicar 26 x 9 si se utiliza de manera correcta al cero.

En el cálculo mental veloz (¡no me cansaré de repetirlo!), tu cerebro con la práctica debe aprender a reconocer, seleccionar, y utilizar estos patrones que están por todos lados. Propiamente porque, como he dicho, cualquier numero solo está compuesto por algunos de los 10 ladrillos básicos, las cifras de 0 a 9.

CAPITULO 5. RESTAS

Para poder realizar las restas, usa el mismo método de la descomposición utilizad en las sumas, pero obviamente restando en vez de sumar. Por motivos desconocidos, nuestro cerebro esta hecho de manera tal que a la mayor parte de las personas les cuesta más trabajo restar que sumar. Por lo que las restas toman en general un mayor esfuerzo para ser realizadas con desenvoltura.

Si por ejemplo debo hacer la siguiente resta:

94 – 37

La transformo en 94- 30- 7.

En este caso, siendo el 4 más pequeño que el 7, se tiene la mayor complicación de las restas: se debe "pedir prestado" a las decenas (como es en este caso, pero vale también obviamente con números más grandes a las centenas o miles….)

Para esquivar esta dificultad, una posible estrategia cuando el segundo número tiene una cifra más grande que el primero, es aproximar este número a la decena sucesiva, restándolo del primero, y sumando al resultado el número que me ha servido para realizar la aproximación. Para ser claro, vamos a ver el ejemplo:

Aproximo 37 a la decena superior, es decir 40, por lo que agrego 3.

Resto 40 a 94, y obtengo 54.

Sumo a 54 los 3 que había utilizado para aproximar el número 37.

Llego al resultado que es 57.

Analizando, he utilizado la siguiente estrategia: transformar una resta difícil en una resta simple más una suma.

Ahora, compliquémonos un poco la vida, y vamos a realizar restas con números de 3 cifras como por ejemplo:

716- 342

En este caso, siendo las dos cifras del primer número (16) menores que las del segundo (42), realizar el método de la descomposición podría resultarte difícil porque deberías pedir "prestado" a las centenas:

En este caso, puedes aplicar otra estrategia similar a la vista para los números de dos cifras: restar 400, y agregar la diferencia entre 342 y 400. Quedando así:

$716 - 400 + 58 = 374$

Una tercera estrategia que puedes utilizar cuando las decenas y unidades del segundo número son más grandes que el primero, es aproximar los dos a la centena inferior (en nuestro ejemplo: 700 y 300). A ese resultado (400), debes quitar la diferencia entre el más grande y el más pequeño (42 - 16= 26) y obtener así una tercera manera de llegar al resultado (374)

Ahora ejercítate con las cifras:

574 – 387
897 – 321
232 – 196
876 – 789
359 – 287

CAPITULO 6. CUADRADO DE NÚMEROS DE DOS CIFRAS

El método para poder obtener el cuadrado de un número de dos cifras esta también dentro de mis métodos favoritos. Se basa en primer lugar en la aproximación ya que sustituyo el número del cual debo obtener el cuadrado con dos números más simples de calcular; y después calculo el factor de corrección utilizando el cuadrado de uno de los números de una cifra.

Es una evolución inteligente de un método que enseñan en la escuela. En la escuela, de hecho, enseñan una regla para calcular $(A+B)^2$ que funciona así:

$$(A+B)^2 = A^2 + 2AB + B^2$$

Como ejemplo, apliquemos esta regla al cálculo del cuadrado de un número cualquiera, después vemos su evolución inteligente para que el cálculo sea aún más fácil.

Imaginemos calcular el cuadrado de 73.

Con este método, descomponemos a 73 en 70 + 3 (A+B)

$73^2 = (70+3)^2 = 70*2 + (2 \times 70 \times 3) + 3^2 = 4900 + 420 + 9 = 5329$

Ahora mejoremos la regla original de la siguiente manera:

$A^2 + 2AB + B^2 = A \times (A+2B) + B^2$

Hecho!! Ahora, para simplificar las cosas, olvidemos todas las A y B, y veamos en la práctica la aplicación de la fórmula a la cual hemos llegado. Imaginemos calcular el cuadrado de 63. Para hacerlo, aproximo 63 al número con las décimas más cercanas, en este caso el 60. Para poder llegar a ese resultado resté 3, por la otra parte debo agregar 3, y por lo tanto la operación se convierte en 60 x 66. Para después llegar al resultado correcto, debo agregar el cuadrado del número que he utilizado para aproximar, 3^2. Resumiendo:

$63 \times 63 = 60 \times 66 + 3^2 = 3960 + 9 = 3969$

Con este sistema, me encontraré siempre resolviendo multiplicaciones similares a las de un número de dos cifras por un número de una cifra, para después agregar un cero al resultado (66 x 60 es como 66 x 6 agregando un cero al final) y sumar el cuadrado de un número que va del 1 al 9.

Si miras con atención, te será fácil encontrar en esta modalidad de cálculo, la evolución antes vista de $(A+B)^2$. De hecho, lo que hicimos es transformar justo el 63^2 en $(60+3)^2$. Probemos de nuevo:

54 x 54

Al estar más cerca del 50 que del 60, aproximo hacia abajo, así me quedo con 50. El 54 se transforma en 58 (agrego los 4 que quite del otro lado) y nos queda:

$$50x58 + 4^2 = 2900 + 16 = 2916$$

El mismo esquema se puede utilizar al aproximar hacia arriba. La única diferencia es que mientras cuando redondeo hacia abajo, la cifra de las decenas corresponde a "A" del binomio, cuando lo hago hacia arriba, la cifra de las decenas corresponde a (A+2B).

Esto no cambia absolutamente nada desde el punto de vista del cálculo, pero se te da curiosidad respecto a cómo cambia el binomio te invito a que veas el siguiente ejemplo: calcular el cuadrado de 66.

Primer paso: redondear hacia arriba, el 66 se convierte en 70 (A+2B)

Segundo paso: calcular el número pequeño quitando 4 a 66 = 62

Tercer paso: multiplicar 62x70 = 4340

Cuarto paso: calcular el cuadrado de 4 = 16

Quinto paso: Resultado- 4340 + 16 = 4356

Para mayor claridad, hacemos juntos también el esquema hacia abajo. En este caso, tendríamos:

$60 \times 72 + 6^2 = 4320 + 36 = 4356$

Ahora ejercítate tu solo calculando:

$42\ ^2$
$58\ ^2$
37^2
82^2
46^2

CAPITULO 7. MULTIPLICACIÓN DE NÚMEROS DE DOS CIFRAS.

Ahora, ya has entendido el secreto de la velocidad de cálculo está en separar números grandes en cifras más pequeñas. Y no una separación al azar, sino según una lógica que te permita efectuar operaciones sucesivas del modo más simple y rápido posible.

Por ejemplo, para multiplicar números de dos cifras entre ellos, uso según la situación tres métodos principales.

PRIMERO
Separar la operación en una suma de operaciones. Te doy un ejemplo:

73 x 57

En este caso, puedo hacer 73x50 + 73 x 7. Aun si el 50 es de dos cifras, como una de ellas es el cero, en realidad no debo realizar una multiplicación con 2x2 cifras, sino dos operaciones de 2x1 y sumarlas.
Por lo que tendría:

73 x 57 = 73 x 50 + 73 x 7 = 3650 + 501 = 4151

Ahora prueba con:
74 x 34
53 x 37
24x 69

SEGUNDO.

Redondear y restar. Y se utiliza en operaciones como la vista anteriormente:

24 x 69.

En este caso, siendo 69 más cerca al 70, multiplico 24 x 70 y después resto 24 al resultado.

24 x 69 = 24x70 – 24 = 1656

Este tipo de estrategia, normalmente la uso con números que terminan en 8 o 9. Si el ejemplo hubiera sido 24 x 68, habría hecho:

24 x 68= 24 x 70- 24 x 2 = 1632

Y si en vez de esto hubiera tenido 25x69? En este caso hubiera tal vez aplicado otra estrategia diversa, por ejemplo:

69x 100 / 4 = 6900 / 4 = 1725

Si ahora resto 69 a 1725, encuentro 1656 que es el resultado de 69 x 24 :)

TERCERO

Descomponer un número en factores de una sola cifra (al menos uno de ellos). Por ejemplo:

36 x 72

Se podría resolver como 36 x 72 = 72 x 6 x 6

Esta tercera técnica es la más veloz, pero también como te habrás dado cuenta, la más difícil porque vas a tener que manejar multiplicaciones de 3 x 1 cifra como en el ejemplo:

36 x 72 = 72 x 6 x 6 = 432 x 6

Veremos luego una técnica muy buena que te enseñará a manejar estas operaciones de manera fácil.

Ahora para ejercitarte, prueba a calcular utilizando los 3 métodos:

73 x 61
14 x 27
48 x 16
55 x 11
89 x 37

CAPITULO 8. SUMA DE DOS FRACCIONES

Ahora veamos la suma de dos fracciones: es simple simple! Por lo que no es un capítulo amplio, pero sí interesante.

Para calcular el numerador del resultado: Haz la suma de multiplicar el primer numerador por el segundo denominador y el segundo numerador por el primer denominador.

Para el denominador del resultado: Realiza la multiplicación de los denominadores.

Es mucho más fácil de entender a través del ejemplo:

3/ 4+ 5/ 7 = (3x7) + (5x4) / (7x4) = 41 / 28

Ahora tu prueba a hacer:

7/8 + 3/6
5/11 + 3/7
3/5 + 11/12
27/5 + 9/10
13/16 + 3/5

-

CAPITULO 9. AUN MULTIPLICACIONES "VERTICALLY AND CROSSWISE"

Si alguna vez has vito un número de "matemagia", habrás quedado impresionado por la capacidad del artista para multiplicar números muy grandes entre ellos, y seguro pensaste que era una clase de genio.

Efectivamente, para hacer este tipo de operaciones se necesita ser muy listo y entrenarse tanto. Yo, que por placer hago cálculos desde que tenía 6 años, no he llegado a un nivel de velocidad de matemagia con números tan largos, pero sí conozco y manejo bien el método que se aplica. Y seguramente aprenderlo, te permitirá mejorar mucho tu capacidad actual.

Históricamente, este método fue desarrollado de manera sustancialmente igual por dos personas que no se encontraron nunca, y que no habían escuchado hablar del otro: Bharati Thirta Krishna (India) y el prisionero hebreo Jacow Trachtenberg.

Bharati Thirta Krishna desarrolló un sistema de cálculo veloz conocido como Matemática Védica: es un sistema que se basa en una lista de 16 Sutra (aforismo en sánscrito) y que se difundió a inicios del 1900. Las estrategias de cálculo de la Matemática Védica son extremamente creativas y pueden ser aplicadas en una gran variedad de situaciones. Cada Sutra tiene "corolarios" que expanden la posibilidad de aplicar el cálculo descrito en el Sutra principal.

Jakow Tratchtenberg, a su vez, era un prisionero hebreo durante la Segunda Guerra Mundial. Para poder soportar los horrores de la prisión, creó sin papel ni lápiz, simplemente con su mente, una serie de metodologías de cálculo realmente brillantes. Esta metodología se transformó después en un sistema educativo en matemáticas que tuvo cierto auge. Te recomiendo, si tienes tiempo, buscar información sobre Jacow Trachtenberg: su historia es muy inspiradora.

Los dos, desarrollaron un sistema para multiplicar números de varias cifras, que en inglés se recuerda como "Vertically and Crosswise" (Vertical y en Cruz). Mas o menos todos los matemágicos utilizan esta técnica de cálculo mental para hacer una multiplicación larga, pero es necesario también un entrenamiento largo para no cometer errores.

Veamos ahora un ejemplo de cómo funciona:

7 8

X

3 6

Entonces, primero debes calcular las UNIDADES del resultado, multiplicando verticalmente 6x8 = 48. El 8 es el número de las unidades del resultado, 4 lo que sobra.

Después calculas las DECENAS, multiplica en cruz 7x6 y 3x8, sumando los resultados y agregando el 4 que sobraba (unidades). Tenemos 42 + 24 + 4 =70. El cero "0" es el número que se deja en las decenas y llevo al 7 a las centenas.

Para calcular las CENTENAS, multiplica verticalmente 7x3 =21 y agrega lo que sobró de las decenas, es decir, el 7. Quedaría 21 + 7 =28

Resultado: 28 0 8 = 2, 808

Parece difícil, y seguramente tendrás la necesidad de mucha práctica, pero cuando las multiplicaciones aumentan de dificultad, este método ES él método por excelencia. Probemos a multiplicar 657 x 348. Hacerlo mentalmente con otros métodos de separación es posible, pero difícil. Veamos ahora cómo funciona con el método "vertically and crosswise"

6 5 7

3 4 8

Unidades: 7 x 8 = 56. Mantengo el 6 y llevo 5.
Decenas: (5x8) + (7x4) + 5 (que sobraban) = 73. Mantengo el 3 y llevo 7.
Centenas: (6x8) + (7x3) + (5x4) + 7 = 96. Mantengo 6 y llevo 9.
Miles: (6x4)+(5x3)+9 = 48. Mantengo el 8 y llevo 4.
Miles de decenas: (6x3) + 4 = 22

Por lo tanto: 22 8 6 3 6= 223, 636

El gran beneficio de esta técnica de cálculo mental es que una multiplicación compleja de tres cifras por tres, se reduce al cálculo de una serie de multiplicaciones y sumas, con un número limitado de resultados intermedios. Realizar de manera veloz este tipo de operaciones mentales es difícil, y probablemente deberás primero ejercitarte un poco escribiéndolas. Pero sabes? Si te ejercitas mucho, tendrás resultados brillantes. La dificultad no esta en el cálculo, esta en el recordar resultados intermedios.

Ejercítate con

687 x 429
381 x 893
128 x 766

Para realizar estos ejercicios puedes utilizar papel y lápiz si gustas.

CAPITULO 10. UN PEQUEÑO JUEGO DE MATEMAGIA

Para terminar, te presento un número de "matemagia" que te permitirá establecer cualquier día de la semana a partir del 15 de octubre del 1582.

Como primer cosa, asignamos a cada día de la semana un número.

0 Sábado
1 Domingo
2 Lunes
3 Martes
4 Miércoles
5 Jueves
6 Viernes

El método utiliza la siguiente simple ecuación donde si obtienes décimas al realizar las divisiones, no debes considerarlas:

$N + (N-1) / 4 - (N-1) /100 + (N-1)/400 + T$; y todo dividido entre 7.

N = año (dato)
T = número del día del año. Por ejemplo. 2 enero, $T=2$, 3 febrero, $T=34$, 4 marzo, $T=63$ (año no bisiesto)

El resultado final de esta operación es un número de 0 a 6 que identifica el día de la semana que buscas.

Ahora realicemos un ejemplo, si quieres saber el día de la semana que fue el 14 de febrero de 2012.

2012 + (2012-1)/4 – (2012-1)/100 + (2012-1)/400 + 45 = 2012+ 502 – 20 + 5 + 45 = 2544.

Divido 2544 entre 7 y obtengo 363, mantengo el 3 que corresponde a MARTES.

Una última nota: para el cálculo de T, recuerda a los años bisiestos, en los cuales febrero tiene 29 días. .

CAPITULO 11. AUN MATEMATICA VEDICA.

En otro capítulo ya hablamos de la matemática Védica, así que decidí incluir también un ejemplo de la aplicación que tiene imaginando que alguien haya quedado con un poco de curiosidad.

Se trata sólo de un hecho curioso, ya que de un punto de vista práctico este método de división de números entre 9 no es súper útil. ¡De cualquier manera, es bello ya que nos muestra cómo los números tienen realmente un poco de magia!

Ahora....

Para calcular por ejemplo 53/9, tomemos la primer cifra del numerador: 5, ¡Y ya tenemos el resultado! ¿Y lo que falta? Suma las dos cifras entre ellas: 5 + 3 = 8. Ahí esta el resto. ¿Extraño verdad?

Prueba de nuevo a realizar el cálculo con otro número a dos cifras, por ejemplo 32/ 9. El resultado es obviamente 3, y lo que sobra es 5 (3+2). Una pequeña complicación del cálculo se tiene cuando la suma de las dos cifras es mayor a 9; por ejemplo 84/9. En este caso, 8+4= 12, que es mayor a 9, y entonces haremos lo siguiente:

- Agregar un 1 a la primer cifra, por lo que queda 8 + 1 = 9 y obtengo el resultado!

- Sumar entre ellos el 1 y el 2 (recuerda que hemos calculado "12" como suma de 8 y 4) y obtengo el resto que sería 3.

Y probemos ahora calcular 73 / 9. Como 7 + 3 = 10 y el 10 es mayor al 9, debemos calcular el resultado como 7+1= 8; y lo que sobra es 1 + 0 = 1.

Ejercítate con:

88/9
67/9
781/9
456/9
396/9

Como has visto, he puesto también números con 3 cifras, porque el método funciona también con ellos. Es necesaria una pequeña variación que te dejo descubrir como pequeña tarea.

NOTA DEL AUTOR

Espero que este manual te haya apasionado, mostrándote cuando puede ser inteligente y elegante calcular mentalmente!

También aprovecho para compartirte que yo he sido desde siempre un apasionado de la superación personal, "Técnicas de Cálculo Mental Veloz" es el segundo de tres libros que he escrito. Mis otros dos libros hablan sobre técnicas de memoria veloz y sobre técnicas para adquirir una fuerza de voluntad de acero. He estudiado y aplicado estos métodos durante mis años de estudiante y como profesionista, y te aseguro que me han servido enormemente.

1) "Técnicas de Memoria Veloz". Te ayudará a desarrollar tu capacidad de memoria a través de técnicas desarrolladas a lo largo de los siglos por grandes maestros como Cicerón, Leibniz y Giordano Bruno. Te podrán ser muy útiles en el estudio, en el trabajo o en la vida cotidiana. Descubriremos juntos las principales técnicas de mnemotecnia, con algunos ejercicios y ejemplos. Te explicaré trucos para recordar 50 números y te diré cuál es mi sistema para aprender idiomas. Pero sobre todo, intentaré convencerte de cuánto es importante ejercitarte para alcanzar los resultados que deseas.

2) "El Kata de la Voluntad". Te contaré cómo poder adquirir una fuerza de voluntad de acero. Para poder adelgazar, dejar de fumar, hacer ejercicio todos los

días o jugar con tus hijos cuando solamente tengas ganas de "apagar el cerebro"; además de estar feliz mientras lo haces. Te ayudará a obtener siempre más de las cosas que deseas, y menos de las que quieres dejar atrás.

Ambos están disponibles en formato Kindle. Si te interesan este tipo de libros, estoy seguro que estos te gustarán y te serán de gran utilidad.

Una última cosa, no mantengas estas técnicas solo para ti, en particular si tienes hijos, enséñales alguna técnica de este libro,; se divertirán y adquirirán gran seguridad en sí mismos.

Te agradeceré si puedes dejar una reseña positiva en Amazon: esto ayudará a mi trabajo y a otros lectores. Si tienes dudas, preguntas, sugerencias o críticas puedes también escribirme a mi correo armando.elle.books@gmail.com ; estaré feliz de recibir tu correo y de contestarte.

Gracias

Armando

Cd de México, 24-08-13.